사진촬영_ 김미승

김영세

우는 화살

애지시선 056

우는 화살

2014년 11월 15일 초판 1쇄 발행

지은이 고영서
펴낸이 윤영진
편 집 함순례
디자인 함광일 이경훈
홍 보 한천규
펴낸곳 도서출판 애지
등록 제 2005-5호
주소 300 -812 대전광역시 동구 대전로 867번길 46(삼성동)
전화 042 637 9942
팩스 042 635 9941
전자우편 ejiweb@hanmail.net

ISBN 978-89-92219-51-8 03810

* 이 책은 한국문화예술위원회, 광주광역시, 광주문화재단에서
  문예진흥기금 일부를 지원 받았습니다

애지시선056

우는 화살

고영서 시집

□ 시인의 말

의도치 않게
이름을 거꾸로 사는 사람,
거꾸로 존재하는 도시가 있다
끝내 다다를 수밖에 없는
그 이름들
나직이 불러본다

2014년 가을

고영서

차례

제2부

제3부

제4부

제1부

마두금

초원지대 어느 나라에서는 시신을 매장하고 표시를 하지 않는 풍습이 있다
지하 깊숙이 시신을 묻고, 수백 마리의 말이 달리게 하여 단단히 다져진 흙 위에 어미 낙타와 새끼 낙타를 세운 뒤, 어미가 보는 가운데 처참하게 새끼의 목을 내리쳤던 것인데
일 년 뒤, 흩뿌려지는 피를 본 어미 낙타만이 그 냄새를 맡으며 온다

끝없는 초원을 한 무리의 사람들이 지나간다
몇 날 며칠을 걷던 그들의 발길이 멈추어버린 곳에서
포효하는 낙타,

대륙을 지배한 칸의 죽음도
살해된 새끼낙타의 어미를 길잡이로 삼는다

장엄莊嚴

저기 저 단풍 드는 지리산 보아라

법문이랄 게 무에 있겠나
노스님 입적入寂 하시고
비로소 제 색色 찾은 거라네

푸르른 심지에 가 닿으려고
확, ㅗ어낸 흔적
누구에게나 있지

번번이 상처만 남기고
타오르지 못해도 노을은
얼마나 아름다우냐

나는 깨친 것이 없어
수미산 주인집에 머슴 살러 갈 거여*
머슴 살러 갈 거여

화엄사 앞마당이

야단법석野壇法席이다

* 도천 스님

단 한 권의 生

달 비친 사창紗窓에 한이 많아
꿈속의 넋에게 자취를 남기게 한다면
문 앞의 돌길이 반쯤은 모래가 되었을라나*
해동조선국 승지 조원의 처 이옥봉은
온몸에 시를 감고 죽은 여인
여염의 아낙이 되어
지아비 얼굴을 깎아내리는 일 따위,
시 따위 쓰지 않으리라, 맹세했다
술로도 못 고치고 약으로도 다스리지 못하는
천형을 앓다
산지기의 누명을 벗기는
시 한 수로 내쳐졌으니
파도에 밀려 이 포구,
저 포구를 떠돌다
겹겹의 종이로 떠올랐으니
하나같이 빼어난 구절양장九折羊腸이
명나라 원로대신의 서가에

그렇게나 소중히도 꽂혀 있었던 것

시퍼런 언어의 작두를 타다
뼈째 썰리는 고통으로
내림굿이 되는 시
씻김굿이 되는 시

* 이옥봉의 시 「몽혼」.

황실이

농번기에 맞춰 손 넣으러 왔댔지
생밥 안치는 손에
못줄 잡아당기던 팔뚝에
멍자국이
햇볕을 먹은 감자 같았지
퍼런 독기가 목구멍에 딱 걸려서

"만삭인 아낼 패대기치는 잡녀러새끼가 어디 있남"
할배는 대낮에 불콰해
담뱃불로 홧홧 달아올라
"이 황가 새끼 무얼 믿고, 이 황가 새끼"
그 다음 말을 잇지 못하고

하지감자에 죽순 넣고 바짝 쫄인 황실이 찌개
높으신 황실에서는 감히 볼 수도 없는 맛이라
논물에 발목 젖은 사람들끼리 둥그렇게 모여앉아
들밥 먹었지

이앙기 한 대가 휙, 지나가고
논물에 새겨진 말줄임표들
귀녀고모의 그림자를 따라 간다

엘레지의 여왕

"나는 싱가폴에서 온, 마리얌, 입니다"

스물다섯 슬하에 아들 하나 딸 둘
전쟁통에 사별하고 전쟁통에 한 사람을 만나
전쟁 끝에 한국에 왔다
"한 달 뒤에 오겠다, 과자 사들고 오겠다"
아이들과의 약속을 깊이 묻어둔 채
발이 통하지 않던 시집살이
시앗을 본 남편을 떠나 식모살이로 전전했다
출생기록이 없다는 이유로
아무 나라 아무 국민도 아니었던
백발의 그녀가 투표소에 간다
보채듯 등 뒤에서 불어오는 바람
목도리 여미고 걸어가
선거인명부에 지장도 쿡, 찍는다
상기된 얼굴을 담는 카메라
생각보다 금방 끝난 게 아쉬워

지갑 속에 넣어둔 후보자 명함을 꺼내보는데
60년 무국적 체중이 한꺼번에
내리기야 할까
죽은 줄 알았던 엄마를 만난 자식들은
믿기지 않는다, 믿을 수가 없어
눈물 그렁그렁 그러나
고향은 멀기만 해서
고향은 어느 틈에 대한민국이어서
한시도 떠날 수 없다
김치 없이는 살 수가 없다
양아들의 부축을 받으며 회한에 잠긴
마리얌 빈티조하리,

한국명 김순애

어란*

명량해가 보이는 서쪽바다 여낭,
천 길 낭떠러지에서 듣는다
열두 척의 판옥선 둥둥 띄우는
환청의 북소리

기밀을 발설한 죄
사랑을 믿은 죄로
바닷물에 잠긴 왜군 사내,
죽음을 예감한 순간
그는 누구를 원망했을까
관기의 몸으로 스스로
물고기 화석이 되어버린
한 여인의 존재를
땅의 끄트머리에서 만나다니

석등의 불을 켜자
일시에 나타난

수십 수백의 그림자
진군의 나팔소리가
울돌목으로
울돌목으로
딱, 거기까지였으면 싶은
당신과 나, 여기와 저기
조국과 사랑을 가르는 명징한 순간은
아찔하여라

바다를 휘감으며 핀 협죽도
꽃숭어리 뚝뚝 붉은 물 듣는
해남군 송지면 어란 마을
그녀는 간 데 없고
탈탈거리며 지나는 낡은 어선 한 척
거친 회오리 속을 마악 빠져나와
포구로 간다

* 임진왜란 당시 우리 역사에는 이 여인에 대한 기록이 없다. 어란 마을에 전해오는 설화수준에 머물고 있으나, 일제강점기 때 순사 하지만다로의 유고집에는 명량대첩에서 일본이 대패한 원인을 이순신이 보낸 간첩 美妓 '어란' 에 두고 있다. 12척의 배를 이끌고 133척의 왜군을 격퇴한 다음날 밤, 해전의 일등공신 어란은 바다에 투신하고 만다.

짜나

스물 두 살의 나이차라 했다
두 아이가 사춘기를 건너는 중이라 했다
엄마라는 말을 들은 적이 없다 했다
이혼한 전처가 수시로 드나드는 집
아무도 아군이 되어주지 않아
홀로 외치던 써바이 써바이*
온종일 고구마순을 다듬던 손톱 밑이 까맸다
한글을 깨우치던 일인용 책상도 의자도
부식가게 한 귀퉁이에 그대로 둔 채
어디로 간 걸까,
물구나무서기를 잘해 복지관 요가교실에서
아사나꽃으로 불리우던 스물 두 살
앙코르와트 사원을 통째로 국기에 심어놓은 나라
캄보디아에서 온 그녀는

*써바이 써바이 : '행복하다, 즐겁다' 는 뜻의 캄보디아 말

전원일기

환갑이 넘은 일용엄니 가슴이 벌렁벌렁 합니다 첫사랑이 이 마을에 왔기 때문에 그러나, 그렇다고 해도 그 나이에 남세스러워 누구 하나 붙잡고 말도 못하고 속을 끓이다 회장님 댁 어르신 찾아 갑니다

"형님, 그랑께 그 무엇이냐"

시작부터 횡설수설입니다 첫사랑 그 사람이 소금장수가 되어서 왔기 때문에

……

"얼마를 더 흘러야 쓰요 이란 맘이 안 들라먼"

할머니, 밥상 위에 콩 고르다 말고 돋보기 너머로

"글쎄, 이 마른 콩에 싹이 날 때쯤이면 아니 들라나?"

일용엄니 깊은 숨소리가 문지방을 넘어 두근 반 세근 반 술렁대는 양촌리 일몰입니다

박수량

시방은 그런 사람이 어디 있당가
긍게 그 냥반이 암 것도 안 묵었다등만
접대도 안 받것다 뇌물도 안 받것다 그랬다제
명색이 판사를 했는디 높은 자리서 안 묵는다는 것이 애럽제
그 냥반 초상을 치룰라면 한양서 장성까정 와야 헌디
고향땅 밟을 운상비가 없어 을매나 기가 맥힌가
백성 위허는 맘이 장허다 임금이 상을 내린 것이제

고향에 장사를 지내되 묘를 크게 말라던
청빈한 삶 구구절절 써내려가랴
깨깟하게 살아서 암 것도 안 썼다는
백비白碑*

* 문화재자료 제 103호, 전라도 기념물 제 198호로 지정된 백비는 전남 장성군 황룡면 금호리에 있다. 당시 명종은 그의 넋을 안타까워하며 장례비용을 마련해주고, 서해바다의 돌을 골라 비를 내리라고 명하였다.

슬픔을 만지다

어떤 숲의 나무들은
이름 대신 번호표를 달고 서 있다
벚나무가 그랬고 느티나무가 그랬다
무턱대고 걷다가는 도드라진 나무 뿌리에
속수무책 넘어지기도 한다는 것

난데없이 살점이 베인 나무 한 그루
기실 비닥에 덩그러니 누워 있다
유리창을 뚫고 드는 정오의 햇빛
통증을 느낀 그의 왼 가지가
꿈틀, 했다

한 양동이의 피를 쏟고도
구급차에 실려 가지 않으려했던 그는
단단한 뿌리가 늘 문제였다
목마름이 더할수록 이끼는 푸르고
덩굴손은 목줄을 놓지 않았다

관방제림官防題林, 평상에 누워
정신을 잃을 뻔한 적 있었다 한다
수만의 잎들이 일렁여서가 아니라
하늘이 눈부셔서가 아니라
둥지 속으로 쉴 새 없이 먹이를 나르던
새들의 잦은 외출과
매미의 들끓음

취기가 오를 대로 올라
고통의 날을 안으로 겨누다 보면
정맥을 끊을 수도 있는 것인가
지혈자국 살짝 스치기만 해도
제 번호표를 움켜쥔 채
부르르 떨던 나무 한 그루의
그늘이 깊다

마더로드

야성의 숨소리를 듣고 있다
이 거친 맥박을 짚어서
지구 끝이라도 고 고
가속페달을 밟고 하염없는
질주,
그 너머엔 무엇이 있나
출발선에서 명심할 것 하나
제 때 멈추어야 살아남는 규칙

66번 국도는 시카고 남부에서 출발해
모하비 사막을 지나
켈리포니아 산타모니카로 이어진다

이기는 것이 전부는 아니죠
만약 서부로 드라이브를 하신다면
'넷킹콜' 의 노래에 나오는
이 하이웨이를 지나보세요

낡고 오랜 타운에 들어서면
무료함에 빠져있는 식당의 웨이트리스는
아무에게나 '허니' 라고 부를 테지만
황야의 무법자도 석양의 갱들로
한낮 뿌연 사막의 바람

잊혀져가는 곳
지도에도 없는 곳
구부러진 길이 몸을 지나쳐가던
귀소본능의 Route 66

추억은 언제나 해피엔딩

내가 준 상처로 너는 지금 행복하구나
네가 기억하는 것들을 내가 알 수 없듯이
내가 기억하는 것들을 너는 알지 못하고

흑백영화 속에서 제 색을 고스란히 드러내는
한 컷의 필름,
어둠 속에서 인화되어지는 것들은 모두
찰나를 잡고 있구나

우물을 파다가 발견했다는
불로장생의 능 한 귀퉁이에서 웃고 있다
퇴화된 너의 날개가 돋고 있다

어떤 맹세에도
유효기간이 찍힌 편지,
이국의 소인을 빌어 도착하던 날
늙지도 않는 풀이 자란다고 믿고 있다

서안으로 가는 기차를 타고 있다

그들의 처방전

아프리카에 다녀왔다는 수녀님 이야기다

밀림지역에서 봉사를 하다보면
말라리아는 수도 없이 걸린다는데
한국의 수녀들은 말라리아가 도지면
우리나라 라면을 약으로 생각하고
끓여 먹는단다
밍밍한 그곳 음식만 먹다가
매운맛에 땀을 뻘뻘 흘리고 나면
감기조차 뚝, 떨어졌다는 것

한 번은
에이즈 환자였던 센터의 현지 직원이
거의 죽음을 맞을 때
지금 뭘 해주면 가장 좋겠느냐 물었는데
감고 있던 눈을 뜨며
"코리안 수프!"

딱 두 개 남아있던 라면 중 하나를 꺼내어
끓여주었다는데
절반을 맛나게 먹고는 마지막 숨을
거두더라는 것

기력이 쇠해 병病 조차 이길 수 없는
아이들에게는
약 대신 양손에 쥐어주었다는
달걀 두 개

한 끼 식량으로는 모자라
우리에게는 간식거리에 지나지 않는
라면과 달걀뿐인 식탁에서 오늘도
성호를 긋는 사람들

본능적으로

에페스 근처
한식당 앞에서 구걸하던
터키 여자
갓난아기를 안고 있었다
비는 내리는데
관광버스 앞에서
떠날 줄 몰랐다
한 푼도 주지 말라,
식당 주인은 당부 했으나
중년의 엄마들은
눈치껏 주머니를 터는 거였다
떠나는 버스를 향하여
연신 머리 조아리던 여자
품안의 아이 때문에

울컥, 했다

제2부

母情

망월동 행불자 묘 앞에
손금순 할매
열네 살 아들 면회가 길다

"늘 저 얼굴이여
살았으면 뛸 텐데
뛰어봐라 한번
무랑한 놈
엄마 가슴에 못질하고 간 놈"

사진 속 깊이 빨려들었다가
한나절을 실컷 울다가
툭툭 털고 일어선다

"네 뼈는 내 손으로
묻어야지 암"

뭉클, 뭉크

심장을 벗기면
붉은 노을

사선의 다리는 균형을 잃고
난간이 비대칭으로 기울어버렸다
極에 달했다

귀싸대기를 후려치고 가는
정체불명의 바람
총구를 떠난 탄환의 거리에서
찔리고 짓밟혀
뿔뿔이 흩어진,

"시민 여러분, 나와 주십시오"

귀가 들리지 않아
천리를 보는 마흔 살의 소녀가

병동을 돌며 목이 터져라
선무방송을 하고 있다

머리에 꽃을 꽂지 않았다

우는 화살

이팝꽃 진 길을 빈 운구차가 돌아나가고 산 사람의 둥그런 물결 속으로 예의 그 파란의 일대기 가라앉는다

사진 속 그가 웃는다 맑은 날이면 꽃발 딛지 않아도 무등의 너른 품이 다가앉는 망월에서 합수合水* 오로지 낮은 곳이 그의 길이다, 몇 갈래의 물이 한 데 모여 흐르는 곳이 어디든

5 · 18 마지막 수배자, 5 · 18 마지막 망명자, 오딧세우스, 민족미래연구소장, 독설가, 섬 하나로 떠 있는…… 일찍이 이렇게 많은 수식이 돌덩이처럼 얹힌 사람을 본 적이 없다

미국생활에 적응하지 말 것, 가난한 동포들과 감옥에서 고생하는 동지들을 생각해 침대에서 자지 않을 것, 도피생활 할 때처럼 허리띠를 풀고 자지 않을 것, 세 가지 원칙을 지키는 동안 조국은 그에게 무엇이었나 항쟁이란 이름에 어떠한 명예도 보상도 원치 않던 사람, 권력의 가지에 일침을, 민중의 잎사귀에 날개를!

마지막 밥 한 덩이 꾸역꾸역 넘기다가 화물선 레오파드

호 갑판 아래 쭈그려 앉은 사내를 보고야 말았는데 서러움 모두 버리고 나 이제 가노라던 장송곡은 퍼지는데 하늘 한가운데서 그림자를 지우고 검은 상복을 냉큼 빨아들이는 햇볕의 난타

* 윤한봉의 호.

부고訃告

전재산 29만원이라는 그가 골프를 친다, 위풍당당한 자세로 '특정고위공직자에 대한 추징 특례법안' 이 발의 되어도 꿈쩍 않는다 1672억원 납부거부도 정당한 것만 같다 죄 없는 자가 열 받는 세상

더 이상 하늘 향해 두 팔 벌리지 않으리 뿌리째 뽑힌 나무 한그루 잘라보니 속으로 썩어 있었던 거다, 광주항쟁 당시 시민군으로 참여했던 서호영 씨

스물 한 살의 청년은 마지막까지 도청을 지키다 계엄군에 체포되었다 한달 반 동안 감금된 채 죽지 않을 만큼 맞고, 끌려간 군대에서 '폭도 출신' 이라는 꼬리표는 복무기간 내내 가혹행위의 대상이었다

제대 뒤, 결혼하고 아들까지 두었으나 삼년 만에 이혼, 결혼 전후 잠시 건설회사에서 일했던 것 말고는 평생 직업을 갖지 못했다

"저 사람이 나를 때리려 한다" "뛰어, 뛰어!" "전두환이 내 일을 방해하고 있다" 병세는 갈수록 악화되었으나, 신체적 피해만 인정해 준다는 5 · 18 특별법 탓에 월 17만원

의 기초생활 수급자로 홀로 살아오다 2012년 6월 24일 새벽, 평소 알고 지내던 사람과 시비가 붙어 폭행을 당했다 세상을 떴다 향년 53세

죽어서 기억되는 이름과
발포 명령한 이름과
어느 쪽이 더 뼈아픈가 신문이 뚫어져라 골똘한 아침,
구하는 자가 없는 용서라는 것이 있기나 한가?

추적추적 장맛비는 내리고

혁명 이후

티셔츠로 팔려나간
체 게바라

광주 사람이면 누구나
15ㅇㅇ—0518
기억하세요, 대리운전은

위로ㅇㅇ— 꼭 오일팔!

도청 앞 회화나무傳

철거와 보존 사이에 그늘이 있다

금남로가 생기기 이전,
충장로가 활기를 띠기 이전의 역사는
한쪽 가지가 뭉툭, 꺾인 이후로
환지통을 앓는다
상처를 드러낸 채 봄이면
연초록 이파리를 밀어 올리는
목피木皮의 힘

이 도시는
나무 한 그루의 휴식조차 간절했던가,
수령 150여 년 된 노거수를
스테인레스 울타리에 단단히 가둬놓고
아무 일 없다는 듯 분주하다

시멘트로 된 참호에서 어둠 속을 가르던,

계엄군의 유탄을 피해 납작 엎드려 있던 청년의
뒷모습을 본 적 있어요
굴비처럼 엮여져있다 잡혀 갔었죠
교련복 바지를 입고 있었는데 말이죠

철제 담장을 타고 봉기하듯 일어서는 넝쿨장미들
우리집에 왜 왔니 왜 왔니 왜 왔니?
꽃 찾으러 왔단다 왔단다 왔단다!
한 발 물러서면 한 발 다가오고
한 발 다가오면 한 발 물러서는 유행가는
우리들의 광장에서 심오해지죠
꽃들이 꽃인 것을 모르는 체 난분분 하다니요

업그레이드된 네비게이션 속에
회화나무는 없다
이름도 낯선 국립아시아문화전당
'옛' 자를 붙이지 않으면 사라져버리는

기억의 수호자

그 이지러진 살갗에
누군가 흙을 얹어놓았다

도청 앞 회화나무傳
— 후계목

특별한 감식안이 있어서 옮겨 심은 게 아니다
영업용 콜밴을 몰던 그가 대기하던 중에 본
손바닥만 한 어린 싹
콘크리트 사이에서 간당간당
보기에도 안쓰러웠다

세월은 흘러 나무는
주인의 키를 훌쩍 넘기었다

태풍 볼라벤에 쓰러진 나무
일으켜세워도 푸른 잎 돋지 않는다
조등이 걸려있는 나무 한 그루에
온 도시가 호들갑인가, 하다
퍼뜩 드는 생각
뿌리를 뽑으면서 보았던 노거수,
그는 황급히 버튼을 눌렀다

사람도 아니고 금강송도 아니고
회화나무 유전자 검사라니
소식은 더뎠으나 결과는 아들목이라
뽑힌 자리에 기꺼이 되돌려 놓고
그는 총총 사라져갔다

문화전당 앞,
고사한 회화나무 옆에는
이파리도 무성한
나무 한그루

닦아도 닦이지 않는*

핏물이드랑께

80년 5월 16일 경부터 5 · 18이 시작됐응게 병기가 14일 경에 서울서 광주로 왔제 서울 동국대 댕기는디 광주로 와서 식구들 사이에서 감금 되야갖고 밖에를 못 나가게 했는디 어느새 26일 오후 2시 경에 도청으로 가불고 오후 5시경에 나하고 어무니하고 도청에서 병기를 봤는디 내 동상 병기가 있어서 빨리 나오라고까장 혔어 근디도 나오지를 않고

그 안에서 27일 새벽 3시 몇 분에 죽었다고 써져가지고 있었는디 거기 몇 분인가는 기억 못하겄고, 세월이 많이 흘러부러서 3시에 죽었다는 것이 몸에가 딱 써붙여져 있드라고 28일 오전 9시에 망월 공동묘지로 간닥 했는디, 28일 새벽 7시부터 관을 전부 다 공동묘지로 이미 운반해가서 거그서 관을 찾아갖고 왔어 박병기라고 써붙여졌는디 참 기가 맥히서

그 박병기를 나주 금천 선산으로 데리고 갔는디, 선산에 가서 묘를 썼당게 옷을 딱 뱃끼고, 관을 다시 넣을라고

옷을 싹 뱃끼고 다시 갈아 입히는디, 등에 가서 쪼끄만 헌 구멍이 있는디 앞에가, 가슴둘레가 다 없어져불고, 다 없더라고 이 살이…… 살이 다 망거져 나가버리고 손가락 열 개가 피가 묻어가지고 닦는다고 닦었는디도 그 손가락 사이가 죄다 피가 묻어가지고 온몸은 멍자국이 나가지고…… 그 비참헌 꼴을 보고 살었는디

형제가 형제를 죽이고 그러고도 그렇게 얼굴 둘르고 살고 있는거 보믄은 비참헌 일이고 귀신이 있다믄 원흉들 그대로 놔두지 않고 다 잡아 죽였을 턴디 귀신도 없는 것 같으고

만약에 또다시 이런 일이 생기다믄은 절대로 안 되고 또 이런 인간들이 나온다믄은 가만히 두지를 않고 다 없애버릴 정도로 전 국민이 일어나서 다 일어나서……

* 1980년 5월 광주항쟁 당시 동생을 잃은 박수복 (광주 서구 양동) 여사의 증언을 토대로.

오월에 쓰는 편지

서른 살의 너에게
마흔 살의 내가 터치,
Touch!
드림, 이라고 쓰고
Dream, 으로 읽는다
마지막 문장을

거우내 흰 눈을 이고 있던 무등산도
이즈음 초록빛이다
사직공원에는 가위를 든 이발사 서넛
아까시나무 그늘에서
웃자란 노인들의 머릴 자르고
사뿐히 그 위로 내리는 꽃잎

부처님은 언제 오시나?
핸드폰 달력을 꺼내보는 사이
정거장을 지나쳐버린 방심으로

해바라기 할까

우린 너무 오랫동안 무거웠었어

그때 이후로

그때 이후로 우리는
함부로 울 수도 없었습니다
1980년 5월 18일,
어린 소녀는 아비를 잃고
어미는 자식을 잃고
저 망월동 행불자 묘 앞에서
사라진 혈육을 목놓아 부르다
돌아가는 일이 많았습니다

아, 국가라는 것이
든든한 울타리가 되어줄 거라 믿었던 것들이
산산이 부서져 내릴 때의 참담함이란

눈물이 마른 줄 알았습니다

대책 없이 가라앉는 저 거대한
세월의 무게를 어찌 할까요

발만 동동 굴러댔을 지난 한 달,
구조자 0명의 무능한 정부를
다시 보고야 말았습니다

승객들을 놓아둔 채
줄행랑을 치던 선장이
이 나라에 한둘이겠습니까?
청와대는 재난수습 컨트롤타워가 아니라고
발뺌하는 무리들이
따스한 생명을 구할 수나 있었겠는지

항쟁의 순간
광주를 사수하러 몰려온 이들 중
고등학생, 너희들은 나와 집으로 가라
살아서 역사의 증인이 되라던
윤상원 열사의
그 말씀 살아서 꿈틀 댑니다

이제 갓 피어나는 꽃들
하늘에 가 닿으려고 안간힘을 쓰는
오월의 장미를 지천으로 두고
흰 국화를 바칩니다

기다리겠습니다
눈물일랑 거두겠습니다
2014년 4월 16일,
그때 이후로
살아가야 하겠습니다

그 여름날의 푸랭이*

스무 살 적부터 집안 곡식으로 먹을 벼농사 천 평과 수박농사가 전부라던 광주 금곡동 문용덕 씨의 수박밭에는 열무잎처럼 야들야들한 잎사귀들 사이 크고 실한 초록 한 덩이 익어가고 있었제

해발 300m 이상에서만 자란다는 무등산 수박 말이여

여름 끝자락에는 상중喪中인 사람도 가까이 않고 거둬들인다는디, 예전에는 밭 가운데 제단을 만들고 산신께 제際를 올렸제

욕심 부리며 살 일 무에 있겠소, 한 줄기에 수박 한 통이면 더 바랄 것이 없어라우!

그이의 말씀 뒤로 하고,

바닥의 배꼽이 작고 두드리면 통통 중후한 소리를 내는 여름의 눈물 받들어 상에 올린다 산 그림자를 늘이며 한 계절이 이슬을 털고 내려오는 소리

* 푸랭이 : 무등산 수박을 일컫는 말

세월호 꽃영정*

엑소에 열광하던 아이들이
소녀시대 카라 미쓰에이 빅뱅이
온 것도 아닌데
5월 17일 금남로에 섰다

34년 전 그날,
세월호로 가슴 아픈 오늘을
잊지 않겠어요
손 피켓을 들고
촛불을 들고

무궁화꽃이 피었습니다
나팔꽃이 피었습니다
해바라기가 피었습니다
장미, 백합, 민들레, 원추리, 해당화,
칸나, 셀비어, 모란, 동백, 국화……
계절을 따져 무엇 하나요

전야제는 추모제

주인공이 사라져버린 무대에
삼백 네 송이 꽃들

그래도 한번 안아드리고 싶어서요
꼭 그래야 할 것 같아서요

* 광주지역 미술인, 고교생 304명 등이 공동작업 한 꽃영정은 자발적 참여를 원한 시민들의 손에 들려 무대로 향했다. 교복을 입은 학생들이 특히 많았다.

노래의 날개

— 임을 위한 행진곡에 부쳐

스물세 살 꽃다운 나이에
너는 갔다
인형을 끌어안은 채
양볼에 패이던 보조개를
교복 입은 너의 활짝 웃는 얼굴을
어찌 잊을까

광천공단 노동자 누야
들불 강학 내 누이야
낮에는 공장에서
밤에는 야학에서
역사의 주인 되는 세상을 꿈꾸더니
상원이 형을 야학에 들어앉히고
그리 좋아라더니
너는 정작 먼저 가버렸다
자취방에 스며들던 연탄가스를 마시고
허망하게도

그러나 나는 안다
박기순,
형의 가슴 저 밑바닥
불씨 같은 이름

코앞에 임박된 죽음을 인식하고도
부드러움과 상냥함을 잃지 않았던
그날의 영웅을 기억하던
블레들리 마티 기자의 증언을 들으며
벅차올랐다

민들레 홀씨가 뭇등을 쓰다듬고
날아가는 곳
장벽 따위가 걸림돌일 리 없다
살아서 간절했으니
죽어서 하나가 된 누야

하나 된 조국에서 살고자 했던 누야

멀리서 바람이 불어오고
따뜻한 바람이 불어오고
내 귀는 당나귀처럼이나 뾰족해진다

이 이상한 나라에는

— 경찰폭력에 희생된 故문영수님 영전에

살아온 날보다
구천을 떠도는 날이 많았습니다

스물아홉 짱짱한 나이에
누가 알았겠습니까
대한민국 민주경찰 말로만 듣던
민중의 지팡이가
흉기가 되어
뒤통수를 사정없이 관통해 갈 줄을
또 누가 알았겠습니까,
가족도 모르게 빼돌려진 주검에
해부용 칼날을 들이댈 줄을

경찰도, 구청도, 의대도 한통속이 되어
이 나라의 아들이요 남편이며 아버지였던
평범한 가정의 한 가장을
본적도 가족도 없는 행려환자로 만들어버리는

이 이상한 나라에서

평소 말이 없고 과묵했던 사람
불의를 보면 참지 못했던 사람
'문영수' 라는 이름 석 자를 떠올리면
온통 백지가 되어버리는 안타까운 현실을

이제 막 떠오르는 저 태양에게
오월의 신록에게
무어라 얘기 할까요

거리에서 신음 중인 것을 발견해 병원으로 옮겼으나
사망한 하나의 사건이라고 은폐 할까요?

백방으로 수소문하며 전국을 떠돌아다니던
가족들의 심정을,
화장된 유골로 남아있는 청천벽력과도 같은 사실을

어떻게, 어떻게 설명 할까요,
살아온 29년보다
떠돌던 30년을

'헤어진 가족 찾기 캠페인' 은 부메랑이 되어
던진 자에게 고스란히 날아갔습니다

악몽과도 같았던 광주,
전남대 의대 추모관을 나와 가족의 손길이 닿는 곳으로
가세요,
어딘들 따스하지 않겠습니까
어딘들 행복하지 않겠습니까
산 사람의 정성으로 다북다북 묻어주면
편안할테니 가세요, 가서
다시는 돌아오지 마세요
이 이상한 나라에는

* 1982년 서울에서 버스운수노동자로 근무하던 문영수 씨는 안내양의 몸수색을 왜 하느냐는 등 회사의 부당함에 항의하다 해고당한 후 직장을 알아보고자 광주로 향한다. 그리고 며칠 지나 사소한 폭행에 연루된다. 피의자 신분으로 광주 서부경찰서에서 조사를 받던 중 경찰의 폭행으로 혼수상태에 빠진 채 병원으로 후송되었으나 이튿날 사망한다. 이후 경찰은 광주 북구청 직원과 짜고 서류를 조작해 고인을 행려환자로 둔갑시켰으며, 시신마저 의대 해부학교실에 실습용으로 넘겨버린다. 그동안 유족의 끈질긴 추적으로 사건의 전말이 파헤쳐지고, 2012년 5월 15일 전남대 의대에서 전국민족민주유가족협의회와 전국추모연대 주최로 그의 장례가 치러졌다. 눈을 감은지 30년 만이다.

제3부

여자*농원

지푸라기 같은 사내면 어떤가, 일단 잡고 보는 거다 오르는 거다 칭칭 감고 놓아주지 않기

박색薄色의 여자가 색을 흘리며 자오선을 지날 때
화상을 입은 몸피 우둘투둘한,

초록의 터널을 빠져나온 사내가 쩍, 벌어진 사다리를 타고 아슬아슬하게 거두어들이는 저 염천炎天

* 여주의 사투리. 박과에 속한 한해살이 덩굴풀로 어린 열매는 식용으로, 종자는 약용으로 쓰인다.

타악기

두드리면
열리는 세계가 있다

눈을 떴을 때,
세상은 감옥 같았다
고씨 이씨 김씨가 전부이던 곳
눈만 뜨면 들로 나가는 종족들과 함께
이 권태로운 일기는
넘기지 않아도
다음 페이지가 다 읽혔다
위염을 앓으며 사춘기를 건널 무렵
전쟁은 안 일어나나
소낙비,
비를 맞으며 북을 두드렸다
밴드부 시절,
튕겨져 나간 빗방울들 경쾌하게
발등을 때리고

아, 아, 아, 탄성을 지르며 울었다,
울려 퍼졌다

팬티를 적시며
붉은 타액이 흘러내렸다

21세기 해우소

휴게실 변기에 앉아
밑 닦으려 손 내민다
화장지 커버에 누군가
단단하게 붙여 놓았다
“지금 몇 장 쓸까 고민하고 있죠?
내가 써봐서 아는데 두 장이면 떡을 쳐요”
아쉽게도
점선이 생략된
두루마리
이 건물을 두르고도 남겠다
두 장이면 떡을 치고도 남을
이 한 장의 인연이
질기디 질긴
이 한 장의 인연이
두 손에 들어왔다 먼지를 일으키며
툭, 끊어져
회오리를 일으킨다

삶이라는 데칼코마니

내 힘 들 다 자 살‖살 자 다 들 힘 내

자전하는 生

얼마나 파닥거렸으면
파닭일까

자정이 넘은 퇴근길
치킨집 불빛이 밝다

엎어진 채로 진열대에
포개어진 닭들

새였던 것을 기억하는 순간
고통은 시작 되었으리라

내게,
시는 멀기만 하고

납기 내 현실만 인정해 준다는
어둠 속 시지프스가 있는 것이다

오늘
무너져 내릴 것 같은 육신이
내일 일터로 가는

굽은 등의 언덕을 밟고

엑스트라

목격자에 의하면,

사방이 떠나갈 듯한 굉음과 함께
검은 연기가 치솟아 올랐다 한다
순식간의 일, 이었다고

아무것도 듣지 못했는데
아무것도 보지 못했는데
인터넷 실시간 검색어에
내가 사는 동네가 떴다
기도원이 떴다

지하 깊숙한 무대에는
서너 명의 등장인물이 있었다고 한다
기도원이었다고?
열혈신도들이니 천국 갔겠네
새벽기도 마치고 돌아서는 길이었대

수군수군 부풀어 오르던 입구에는
접근금지의 폴리스라인

잘 안다고 하지 마라
우리는,

스쳐지나가는 사람

라푼젤

할머니는 왜 이렇게 무거워
뭐라고?
마녀는 화를 내며 라푼젤의 머리카락을
잘라버렸습니다
그러나 머리카락은 잘라도 잘라도
짧아지지 않았습니다*

저 건너는
건널 수 없는 상인가 봐요
유리창마다 저녁을 걸어 두었는데
나는
입구도 없고
계단도 없는 탑에 갇혔죠
내 노래에 귀를 기울인 당신이라면
금발을 죽죽 늘어뜨릴 테니
나의 유일한 통로를 붙잡아요 쉬잇,
나의 그녀가 오나 봐요
지금껏 나를 길들인 저 여자 앞이라면

조심해야 해요

기둥 뒤에 숨어요, 바짝 엎드리라고요

샐러드 한 접시에 후식은 생략,

한가득 일몰을 몰고 와서는

긴 코를 벌름거리는 꼴이라니

누구도 그녀의 시선을 빠져나가진 못해요

큼, 큼, 낯선 냄새를 맡고

이렇듯 찰나에 밀어버리다니

덩굴 속으로 당신,

가시에 찔려버린 두 눈

잘라도 잘라도 짧아지지 않는

내 머리

* 미와 야나기의 동화시리즈 중에서

싸목싸목과 싸게싸게

장날
버스에서 내려 한참을 걷던
사내의 뒤통수가 간지러웠다

"싸목싸목* 가지니께는"
아낙의 한마디에

"왔다메, 해는 붙들어냈간?"

"……"

"싸게싸게** 오질 않구선"

벌써 몇 번째인가,
가던 길 멈추고 뒤돌아보길
딴엔 못이기는 척
감국 핀 산자락

해찰 하면서

* 싸목싸목 : '천천히' 의 전라도 말.

**싸게싸게 : '빨리빨리' 의 전라도 말.

그 여자의 陰畫

안개 속이었다

웨딩마치가 울리고 여자는 안개의 살갗을 뚫고 천천히 나아갔다 사내아이 둘을 낳고도 여전히 안개 속에 있었다

박봉의 공무원인 남자를 다단계 회사에 끌어들인 건 여자였다

팔지 못한 물건들이 빚더미로 쌓여 남사의 집안을 내려앉히고 가난을 탓할 때마다 조각난 세간들, 그 파편더미에서 주눅 든 아이들 곁을 떠난 것도 여자였다

남자는 닥치는 대로 일을 했고, 여드름 만개한 아이들 가슴 한쪽도 시간이 조금씩 메워갔지만 유독 안개가 짙게 깔리는 날은 코가 깨지거나 넘어지기 일쑤였다

먼발치서 지켜보던 여자는 희미했다, 안개가 여자를 포위하고 있으므로

그랑께

같은 마음일 때 건네는
말
추임새 같은
말
주고 또 주고자운 마음,
그랑께 엄니제
뒤에서 든든하게 받쳐주는
말
징검다리 같은
말
물줄기 둥그렇게 휘돌아 가는
말
내가 있어 네가 있다는
그
집밥 같은
말

마한을 두드리다

지는 해를 따라 나는 서쪽으로 달렸습니다
위지동이부한숙 불이지국*이 맞지요?
반남 고분에 이르러서야 지친 몸을 누입니다
무덤이라기보다는 작은 동산 같아서
두려움 없이 눈을 감는다는 게 이런,

금동관에 곡옥 관옥을 두르고
환누대도를 설친 족장님께서 빌떡,
일어나시고
태초의 말발굽소리인 듯
뒤엉키는 소도**
기름진 충적토를 지나 기마부대가 옵니다

강과 바다가 몸을 섞어 흐르고
유목의 삶이 터를 잡은
영산靈山,
이 땅을 지나친 자 호시탐탐 노렸으므로

더 많은 철제병기들이 하늘을 찌르고,
하늘의 속살을 찌르고

시위를 떠난 화살이
심장을 향해 날아들 때
황급히 내 팔을 잡아당긴 손,
거기 있소?
삼족三族을 멸滅하였기로
한 점 설화도 없이
천 년의 천 년이 흘러갑니다
하루가 구릉 위에 저물어 갑니다

* 위지동이부한숙에 의하면 불이지국을 나주 일대로 보고 있다.

** 마한시대의 북. 부여에 영고, 마한에 소도가 있었다.

저물 무렵

버스가 구불텅, 산모퉁이를 돌자
휙휙, 차창을 쓸며 악수를 청하는 나뭇잎사귀,
손 내밀어 잡을 새도 없이 마음만 덩달아 덜컹거렸다
정차한 곳
기다리지 않아도 시간을 흘러
도시에서의 먼지를 툭툭 털고 앉으면
눈동자 가득히 가을이 온다

비자나무 숲에서 아이들이 논다
한 아이, 장대 끝에 매달린 해 부러 툭, 건드리면
새들의 놀란 가슴
하나 둘 허공에 튕겨오른다
설익은 비자가 후두둑 떨어진다

먼지를 일으키며 지나온 길이 뿌옇다
멈췄던 자리가 움푹 패여 있다
물기도 없이 뭉개져버린 웅덩이,

내려다보면
한 번도 튕겨 오르지 못한 꿈들이
똬리를 틀고

어둠이 산비탈을 타고 내리는 이맘때면
제 몸 가누지 못하고 진저리치던 하늘,
산 너머로 눈시울 붉히고 있다
이글이글 타오르는
분노도 찬란하다 말하고 있다

복암리

그 많은 관들이 엎드려 있으니 무덤은 넓고도 높아야겠다

어느 가문의 선산이었기에 남아있는 옹관 사료에도 없는, 타임캡슐이 따로 없다 시루떡 쌓듯 차곡차곡 주검이 주검 위에 얹어 잠이 들었다 수 세기가 지났다 살아 아방궁을 만들고 죽어서도 황제가 되고 싶었던 시황의 능을 생각하면 이곳이 도읍인 적 있었던가? 망명한 마한인들이 귀향해서 남긴 것이리는, 백제니 가야, 신라니 분분한 입들은 가고 해거름에 아이들 뛰쳐 올라가 미끄럼을 탄다 왁자한 웃음소리가 잠자는 들을 일으키고 온 마을을 깨우고 반남 고분 지나 구진포를 지나 말해 무엇 하냐고 흐르고 흐를 뿐인 그러거나 말거나 영산강, 황포돛배가 떴다

집, 그리운 공간들

아궁이

불이 내인다고 했다

불쏘시개를 아무리 많이 넣어도 밀어 넣는 앞쪽으로 연기가 필 뿐 굴뚝과 바람의 상관관계에 대하여 알지 못했다 바라지문을 열고 온 어머니가 바람의 방향을 읽은 것인가, 부시땅* 들어 밑불을 헤치고 좌우 공간을 만드니 그 틈으로 불씨가 살아났다 내인 불이 아궁이 속으로 활활 타들어 가는 것이다

밥을 안치고 휑하니 나간 어머니 대신 그 앞에 쪼그려 앉으면 따뜻하기도 하고, 차오르던 김이 무쇠솥이 흘리는 눈물 같았다

빚 독촉에 시달리던 아버지가 사우디에 가 있던 몇 년 동안 라디오에서 줄곧 흘러나온 노래는 현숙의 '타국에 계신 아빠에게'

흰 칼라 깃의 교복을 입은 언니가 도회지로 가고 학교 마크가 달린 모자를 쓴 오빠가 갔다 열 식구가 부대끼며

살던 기억이 많지 않다 나 또한 사춘기를 건너 그 집을 떠나 왔으니

측간

커다란 항아리가 땅에 박혀 있던 곳

항아리 입구에는 두 다리를 얹도록 널빤지를 고정시켜 놓았으나 밟을 때는 늘상 위태로웠다 균형을 잃지 않으려고 조심조심 오른 뒤에 바지춤을 내렸다

똥 소매를 내고 얼마 지나지 않아 물만 차오를 때면 첨벙첨벙 튀는 것을 막으려고 얼기설기 쑤셔 넣은 지푸라기가 민망한 사태를 막아주었다

날씨가 하도 맑은 날은 잠깐의 해찰도 유쾌하였다

댓잎 서걱이는 소리를 따라 고개를 들면 쪽문 밖은 시나브로 바뀌어갔다 삼월이면 살구나무에 티밥 같은 꽃이 소리도 없이 펑펑 터지던 자리, 겨우 손이 닿는 위치에서

설익은 것을 따다가 한입 베어 물면 시큼털털한 맛 조금 더 기다릴 걸…… 후회는 꼭대기까지 타고 올라갔다, 샛노란 열매가 익기도 전에

눈발이 날리고 하염없이 날리고, 봄이 오고 또 꽃이 피고 푸른 손바닥을 흔들어대던 날들은 비에 젖었다

삶의 무게라는 것이 사람에게만 허한 말이랴 죽을 동 살 동 기를 쓰고 진창을 빠져나와 보니 죽음이 떠억, 하니 기다리고 있을 구더기의 생도 만만치 않은 것을

마당

흰 연기 속에서 말들이 피어났다

바람 한 점 없는 날 "모기를 쫓는 데는 마른 쑥만 한 게 없제" 할머니 목소리부터 막내의 칭얼거림 "내 피는 13형이랑께 내 팔에 그렇게 써 있당께" 갈겨 쓴 볼펜자국 들이밀면 "잉, 너는 알파벳이란 걸 몰르제 어디보자 에이 비

씨 디 네 피는 B형이여 B형!" 까륵, 까르르 웃던 언니 달그락거리던 숟가락 소리 멈추고 덕석에 누우면 이른 별들이 마중을 나와 있던 하늘 크고 환한 것들을 먼저 가리키며 저것은 북두칠성, 저것은 작은곰자리, 저것은 전갈자리라 일러주던 손 마구잡이로 떠 있는 것 같은데 별들에게도 자리가 있다니

툇마루

멀리서 하모니카 소리가 났다

문들음재를 넘으면 마을이 한눈에 보이고 들 한가운데 우리집이 보이고 친구들 꽁무니를 따라 걷던 발이 어느새 담바꾸**치는 것이다

돌아오신 아버지의 셔츠에는 어른 손바닥 반만 한 악기가 있었다

보리 베고 나서 한번 모내기 하고 나서 한번 두엄을 내

거나 논두렁을 치고도 한번, 그것은 이국생활에서 얻은 아버지의 습성 같았다 들숨날숨의 곡들, 그중 단연 돋보이는 것은 '아리랑' 이었지만 '찔레꽃' '청포도 사랑' 같은 유행가도 끼어 있었다

텃밭 가장자리의 옥수수가 익을 무렵 할머니의 상여가 선산에 묻혔다 선산이 바라다 보이는 마루에 앉아 오래오래 하모니카를 불던 아버지 청상의 할머니 애간장을 술로 다 태운 아버지

이제 들을 수 없는 하모니카 소리

* 부시땅— 부지깽이
** 담바꾸— 달리기

제4부

복날

밤 마실 갔다 술에 취한 아버지
마른 햇살에
등짝이 갈라지도록 허리가 아픈
어머니 깨워
없는 돈 내 놓으라하고
머리칼 뭉텅이로 뽑혀 마당 한가운데
이지러져 죽은 듯 우는
어머니!

주암호에 흐르다

긴 겨울 적요 속에 언 강물
스르르 녹는다
스멀스멀 피어오르는 물안개
산등성이 산수유도 꽃망울 터뜨리고
이슥히 내려다보는
순천시 주암면 외진 국도변

허물어진집터에서푸물만먹은외짝고무신
논두렁밭두렁서성이고이리저리뻗어나간길들이
지워지고곰삭는동안

이끼는 무성했고 떠난 사람도 멀리는 못 가
이 물 받아 마셔야 기운 난다지
그래, 밤마다 돋아나는 지느러미 아팠구나
수장된 꿈을 좇아 향어가 되고 참붕어 되어
은비늘 파닥이다 여기 닿으면
던지는 돌 다 맞고도

강물은 저렇게 초연하다고
깊은 속내 풀어헤치고 오르는 안개

귀 기울이면 가뭇없는 얼굴들
심장 박동소리도 들리는

여름 한 날

고추밭에 나가 고추를 따다, 말다
비옷을 입다, 벗다
거친 비 걷힌 뒤에야
구름은 스멀스멀 산꼭대기 오르고
지고 있는 자루의 고추들이
은전을 들썩이며 집으로 갈 때
저 산, 뿌옇던 저 산
마알가니 목욕했는지
바람도 청량하게 옷깃 날린다

여기저기 긁히고 도드라진 얼룩들
개울물에 씻어내고,
"무지개다, 무지개"
숲정이 아이들 맨발로 뛰쳐나와
발 동동 하늘에 튕겨오르는 것
보았으리

비온 뒤의 맥박은 더욱 힘차다

남해에서

통통배가 통통거리며
다시, 바다를 가른다
시퍼런 심장이 포말로 부서지며 점 점 점
결박되어지는 포구에
배들은 시시때때로 오라를 풀고

제 능선 꺾으며 날아오르는
갈매기 한 쌍의 날아오른 울음 위로
만삭의 달이 뜬다

정박한 빈 배에 가만히 앉아
가뭇없는 네 생각만으로도 출렁거려서
짜 내어도 짜 내어도 푸른 물이 뚜욱, 뚝

내 그리움의 빛깔은
지치지도 않고

팬지

어린이집 버스를 기다리는 동안
아이는 잔뜩 뿔이 나 있다
아이스크림 사 달라 떼를 쓰다가
혼쭐이 났다
버스에 올라앉아서도
본 체 만 체

흔들던 손이 무색해진 엄마가
기우뚱기우뚱 걸어가는
보도블록 위에

이쁘게 성난 꽃들
저리도 활짝 폈어

뚝섬을 지나다

당신을 입원 시켜드리고
터미널로 가는 지하철을 탔습니다
차가 출발하기 전 가판대의 신문을 하나 샀고요
장기를 기증한 고등학생 아들은 환했지만
뒤에서 웃고 있는 아비의 눈에는 어찌된 일인지
눈물이 가득 하네요
병원에서 받는 마지막 치료여,
인자는 먹는 것으로 충분허니께
골격만 앙상한 그 말씀
꽉 쥐면 날아가버릴 것 같아서
담배생각 날 때마다 드시라고
가방에 사탕 한 봉지 꾹 눌러 드렸네요
죽음이 달콤하기까지의 거리라는 게
장기 하나쯤 뚝, 떼어도
아프지 않을 거리라는 게
뚝섬일까요
열린 창밖으로 철렁, 내려앉은

섬이라 하기에

강물은 너무도 야위어 있습니다

선풍기

병실 밖 바람이 말울음 소리를 낸다

무심히 방치해둔 조립식 날개를 젖은 수건으로 닦아 내리는 아버지의 민머리,
모가지가 떨어져나간 틈바구니로 색색의 실핏줄 아스랗다

간호사가 매달아준 이름표를 완강하게 내팽개치고 당신은 종종 사라져버렸다 건너편 버스를 번호만 보고 잡아타려다 끼이익! 요란했던 한낮의 적막이여
나사를 끼우고 버튼을 누른다 암 병동이 떠들썩하게 탈탈거리는, 영혼이 증발해가는 육신 까마득히 추락하는 시원의 숲에 가릉빈가는 날아오르라
비틀대는 한 귀퉁이 먼지투성이 삶이 이울어가는 저녁

날개가 많다고 날 수 있겠니?

짱이라니까

경상도 토박이가 어찌 전라도까지 와 밥벌이를 하시는가 내심 잘해주어야지 하다가도 적응 안 되는 몇 가지 있다 '드린다' 하지 않고 '더린다' 던가 '쌀' 을 '살' 이라 하는 건 그렇다 쳐도 매번 택배 보낼 때마다 "송장 어딨으요, 송장" 귀에 거슬렸는데 하루는 기사님 면전에 두고 나도 모르게 "쓰는 건 그래도 '짱' 이라니까?" 글씨가 최고라는 말로 알아들은 건가, 으쓱한 어깨가 말을 다 한다

종묘상엘 갔습니다

익은 고추를 거둬들이고
탄저병 약을 써야겠다던
일테면 어머니 심부름인데
가게에 덕지덕지 붙어있는
체어맨고추 부라보고추 따따블고추
기껏해야 일반 고추와
청양고추 꽈리고추쯤으로 갈무리하던
내 기억의 저장고를
다따고추 와매워고추 엄청나고추쯤에서
확 열어버렸는데
포스터 속의 고추는 빛이 바래
빗물을 들이키고 땅바닥에 쌓여가던
붉은 것과도 같이
소생의 기미가 없었습니다
한바가지 물을 빨아들이던 마른 흙의
쪽쪽 소리가
가슴 저 밑바닥에서부터 차올라

빳빳한 씨앗봉지 속에는
얼마나 많은 눈들이 노사리고 있나
그 모든 눈들의 시작은 어머니인데
하루가 다르게 내려앉는 허리가
지팡이를 짚고 곧추 설 때면
몸은 썩어가도 씨앗을 남기는 세상,
매워서 눈물 나는
고추밭으로 갑니다

푸른 손

손 하나 들이밀고 시집 왔니라
너로 허먼 시할애빈디
내게는 영 마뜩찮은 분이었제
아무렴, 글만 아는 집안이래두
풀 한 포기에 베인 손이
물 한 방울 안 묻히고 열흘을 가야?
논으로 밭으로 내달리다
흰 쌀밥 고봉으로 퍼느리먼
에미 손은 머슴손이어,
에미 손은 머슴손이어,
오장이 뒤틀리게 사무쳤니라

마당 한 귀퉁이 무쇠솥이 끓는데
어머닌 행주도 대지 않은 손으로
뚜껑을 열고
뜨건 물을 푹푹 퍼 나르시네

풍년의 역설

꽃이 암만 이뻐도 쳐다볼 새가 있을랍디여
죽은 서방 생각할 짬이 있다요
저 너른 양파밭 누가 봐도 오지제마는
당최 품삯도 못 건지는 가실 아닌게라우
사방간디 쑤시고 애리다가도 해 뜨면 벌떡 인나지고
금메, 봄이면 씨앗을 또 안 뿌리겄소

굉음을 내며 하얀 양파가
트랙터 바퀴에 짓이겨진다

아끼던 신발을 잃어버리고

자부요? 딸이요?
물으면
딸이어라, 내 막내딸이어라
목에 힘을 주시더니

영정사진 거두고 난 장례식장에
덩그러니 남아있는
신발 한 켤레
더 닳을 것도 없는
신발 한 켤레

부은 발을 감싸 안고
묵묵히 집으로 인도 하신다

다음 생이 있다면
그렇다면
그렇게 만나도

썩 나쁘진 않겠죠?

어머니,

첫 농사

피었다고 다 열리겠느냐

수박은 열두 마디에서
참외는 세 마디에서
조부 순 자르고
부모 순 자르고
손자 마디에서 열매 맺는
꽃
삼대를 기다려
구린내 나는 똥 소매를 빨아들이며
백열등처럼 환해지는 밭

넌출넌출 혈맥을 짚어나가던
달디 단 안부가 궁금하다면
아무려나, 시간 따위 뒷짐으로 두고

그때 내 아부지 그랬던 것처럼

그때 내 할매 그랬던 것처럼

싸목싸목

훈짐

명절이면 육남매, 아들 손주 며느리 잠자리가 비좁은 집 오래되고 낡아 주저앉기만 한 아래채의 구들 뜯어 다시 돋우고 황토를 입힌 방, 장판 깔고 도배하니 구색 났지요 기름보일러도 연탄도 마다하고 저녁 숟가락 놓기 바쁘게 아래채로 건너가신다는 어머니, 하우스 품앗이 일 갔다 와서 아궁이 깊이 장작 넣어두고 곤하게 주무셨지요 멀리서도 굴뚝연기만 보면 마음이 오롯이 화안해져 어미 생각하는 자식 정이 두터워 구들장도 아침까지 식지 않는다 어르신들 한마디씩 거들 양이면 이바지 음식 수시로 내어오던 어머니 불쑥, 떠나가신 방

□ 해설

노을빛 사람들의 장엄한 이야기들

이성혁(문학평론가)

1

고영서 시인의 첫 시집 『기린 울음』은 깊은 인상을 주는 시집이었다. 표제작인 「기린 울음」에서의 첫 행인 "기린 울음소리를 들은 적이 있는가"라는 질문에서 허를 찔린 듯한 느낌을 받았다. 물론 기린 울음소리를 듣지 못했는데, 왜 기린은 울음소리를 내지 않을까 그때까지 생각해보지 못했던 것이다. 고영서 시인은 기린의 긴 목이 "함부로 토해내지 못한 말들이/ 차곡차곡 쌓여/ 길어"진 것이라고 상상한다. 설득력 있는 이미지다. 시인은 이렇게 이미지화 한 기린에서 한국을 살아온 민중의 상징적 전형을 보고 있는 것일지 모른다.(아니면 시인의 전형일 수도 있다.) 그들은 함부로 말을 토해내지 못하지만, 그 대신 "음머— 하고 터뜨리고 싶은/ 그 소리의 가없음으로" "석양의 지평선에서" "타는 노을"과 같은 이미지를 내보인다. 기린 울음은 소리로 터져 나오지 않는 대신 소리를 품은 석양의 노을로 나타나는 것이다. 『기린 울음』에서 또 달리 인상 깊게 읽은 시편들인 '빛고을 시편' 연작과 '노원마을' 연작은 바로 기린 울음을 노을로 퍼뜨리는 사람들의 삶을 담고 있다.

고영서 시인이 두 번째 상재하는 시집 『우는 화살』을 여는 「장엄莊嚴」에도 '노을' 이라는 시어가 등장한다. 지리산 단풍을 보면서 시인은 아래와 같은 상념을 펼치고 있는 것이다.

푸르른 심지에 가 닿으려고
확, 그어댄 흔적
누구에게나 있지

번번이 상처만 남기고
타오르지 못해도 노을은
얼마나 아름다우냐

—「장엄莊嚴」 부분

시집 서두에 배치된 시는 시집 전체 주제를 응축하는 경우가 많다고 할 때, 위의 구절들은 『우는 화살』이 『기린 울음』의 세계와 연결된다는 것을 암시해준다. "상처만 남기고/ 타오르지 못"한 노을은 길어진 목만 남기고 울음을 토해내지 못한 기린과 유사한 의미로 다가온다. 시집 제목도 울음으로 연결된다. 화살과 기린 모두 울고 있는 것이다. 그런데 「장엄」의 구절들은 「기린 울음」의 구절들과는 다른 특성이 있다. "푸르른 심지에 가 닿으려고/ 확, 그어댄 흔적"이라는 구절에서 감지할 수 있는 이 특성은 두 번째 시집과 첫 번째 시집의 차이성 또한 암시해준다. 그 구절은 시인이 이번 시집에서, 비록 실패할지라도 타오르기 위해 삶을 "그어댄 흔적"에 주목하고자 한다는 것을 일러주는 것이다. 『기린 울음』의 시편들에서 주로 처연함이 느껴졌다면, 이 『우는 화살』의 시편들에서는 종종 어떤 타오름의 순간이 주는 격렬함을 느낄 수 있는 것은 그 때문인지 모른다. 시집 제목에서도 기린의 우아하면서도 서글픈 이미지와 화살이라는 역동적이면서 순간적인 이미지가 대비되고 있음을 보면, 두 시집이 보여주는 세계의 차이를 짐작해볼 수 있다.

한편, 시인은 붉은 단풍에서 상처로 남은 흔적들을 읽어내고 있는데, 그 흔적들이 무더기로 모여 있는 모습에서

완전히 타오르지는 못하지만 아름다운 빛을 발하는 노을을 연상한다. 그리고 단풍든 나뭇잎들이 그 노을처럼 펼쳐져 있는 "화엄사 앞마당"을 '야단법석野壇法席' 이라고 지칭한다. 야단법석이란 무엇인가. 야외에 단을 마련하여 부처님 설법을 듣는 자리란 뜻 아닌가. 그러니 저 화상 입어 단풍 든 나뭇잎들은 한편으로 '법—진리' 를 갈구하면서 시끄러이 모여 있는 존재자들인 것이다. 인간 사회에서 그런 존재자들과 같은 이들을 민중이라고 부를 수 있을 터, 그렇다면 시인은 이번 시집에서 민중에게서 "확, 그어" 대어 생긴 상처의 붉은 색에 주목하고, 그로부터 어떤 진리의 현현을 살펴보고자 하는 것은 아닐지 짐작해볼 수 있겠다. 시집 1부에 실린 시편들은 각양각색의 민중의 삶을 담은 이야기를 압축하여 시화(詩化)하고 있는 것들이 많다. 그런데 그렇게 소개된 이야기에서 조명되고 있는 부분은 바로 그 민중들이 푸르른 심지를 향해 자신을 불태우는 삶의 어떤 국면이다.

2

고영서 시인이 소개하는 민중의 이야기는 주로 여성의 삶이다. 그 중에서 「단 한 권의 生」과 「어란」은 잘 알려져

있지 않은 이옥봉과 '어란' 이라는 생존인물을 이야기해주고 있다. '어란' 은 이순신이 보낸 간첩 美妓로서 명량대첩의 승리에 큰 기여를 했다고 한다. 그녀가 애인으로 삼은 '왜장' 스가 마사가게로부터 기밀을 빼내 이순신에게 알려줬다는 것이다. 그러나 그 장군이 명량대첩에서 죽임을 당하자 그녀 역시 바다에 빠져 자결한다. 시인은 이에 "당신과 나, 여기와 저기/ 조국과 사랑을 가르는 명징한 순간은/ 아찔하여라" 라고 읊고 있다. 「어란」은 삶과 죽음을 가르는 이 아찔하면서도 명징한 '순간' 에 초점을 맞추어 어란의 삶을 조명한 것이다. 그 순간은 사랑과 애국의 경계선에서 창출된 것이다. 이옥봉의 이야기를 담고 있는 「단 한 권의 生」은 더욱 흥미로운데, 사실과 전설이 뒤섞여서 펼쳐지는 이야기다.

달 비친 사창紗窓에 한이 많아
꿈속의 넋에게 자취를 남기게 한다면
문 앞의 돌길이 반쯤은 모래가 되었을라나*
해동조선국 승지 조원의 처 이옥봉은
온몸에 시를 감고 죽은 여인
여염의 아낙이 되어
지아비 얼굴을 깎아내리는 일 따위,
시 따위 쓰지 않으리라, 맹세했다

술로도 못 고치고 약으로도 다스리지 못하는
천형을 앓다
산지기의 누명을 벗기는
시 한 수로 내쳐졌으니
파도에 밀려 이 포구,
저 포구를 떠돌다
겹겹의 종이로 떠올랐으니
하나같이 빼어난 구절양장九折羊腸이
명나라 원로대신의 서가에
그렇게나 소중히도 꽂혀 있었던 것

시퍼런 언어의 작두를 타다
뼈째 썰리는 고통으로
내림굿이 되는 시
씻김굿이 되는 시

* 이옥봉의 시 '몽혼'

―「단 한 권의 生」 전문

전해 내려오는 이야기에 따르면 이옥봉은 왕족 대감인 전주이씨 이봉의 서녀다. 그녀는 빼어난 글재주로 아버지의 사랑을 듬뿍 받았지만, 서녀인 까닭에 첩살이를 할 수

밖에 없는 운명이었다. 그래서 그녀는 결혼할 생각을 버리고 아버지를 따라 한양에 올라가 시인 묵객들과 시를 주고받으며 어울리면서 지냈다. 그러다가 조원이라는 젊은 선비를 만나 사랑에 빠지고, 이를 안 이봉은 조원에게 딸을 첩으로 받아들일 것을 간청하였다. 하지만 조원은 이미 결혼한 몸이라고 이를 거절했다. 그러나 이봉은 이에 포기하지 않고 조원의 장인 이준민에게 간청, 장인의 주선으로 옥봉은 조원의 첩이 되어 행복한 결혼 생활을 할 수 있었다. 그러던 중 이웃집 아낙의 남편인 산지기가 소를 훔쳤다는 누명을 벗겨주기 위해 조원의 이름으로 시를 지어 관리에게 서한을 보내는 일이 벌어졌다. 그 서한 덕분으로 산지기는 석방될 수 있었지만, 이를 안 조원은 격분하여 옥봉을 집에서 내쫓아버렸다. 버림받은 옥봉은 한강변 뚝섬의 오두막집에서 살면서 눈물을 흘리며 많은 연시를 쓰다 죽었다. 고영서 시인이 인용하고 있는 「몽혼」은 그 연시 중에서 가장 빼어난 것으로 이름난 시다.

그런데 흥미로운 지점은 이 이후의 이야기다. 옥봉이 버림받은 지 얼마 안되어 임진왜란이 일어난 후 옥봉의 생사를 그 누구도 알 수 없었다. 사람들은 난리 통에 죽임을 당했다고 추측할 뿐이었다. 그러나 〈지봉유설〉에 후일담이 전해 내려온다. 옥봉의 생사를 알 수 없게 된 지 40년쯤 뒤에 조원의 아들 조희일이 중국 명나라 사신으로 갔다가 명

나라 원로대신과 만나게 되었다. 그런데 그 대신은 그에게 조원을 아느냐고 묻고는 자신의 서가에 "소중하게 꽂혀 있었던", 표지에 『이옥봉 시집』이라고 씌어져 있는 책 한 권을 건네주는 것이었다. 그 대신의 말에 따르면, 40년 전 중국 동해안에 떠돌아다니는 괴이한 여자의 시체가 건져진 바 있는데, 그 시체는 온몸을 종이로 수백 겹 감고 노끈으로 묶여 있었다. 그 종이의 바깥쪽에는 아무 것도 씌어있지 않았으나 안쪽 종이에는 빽빽하게 시가 적혀 있었고 "해동 조선국 승지 조원의 처 이옥봉"이라는 이름도 있었다고 한다. 대신이 이 시를 읽어보고 "하나같이 빼어난" 작품들이라고 생각하여 자신이 거두어 책을 만들었다는 것이다.

이옥봉은 그렇게 "온몸에 시를 감고 죽은 여인"이었다. 그 시편들을 쓰면서 그는 사라지면서 붉게 타오르는 노을처럼 죽어갔으리라. 그리고 애절하면서도 뜨겁게 아픈 마음을 단풍잎과 같은 시편들에 담았으리라. 이옥봉의 삶을 시화한 고영서 시인은 권력자가 아닌 '민중—여성'은 그렇게 자신을 희생하거나 희생되는 삶을 살아가게 되는 삶의 이야기를 가지게 된다고 인식하면서, 그 삶의 이야기에서 노을처럼 타오르는 국면을 조명하고자 한다. 그가 이 시집에서 가장 관심을 가지고 시의 프레임 안에 담고자 하는 민중—여성은 어머니다. 「마두금」은 낙타에 얽힌 이야기지만 권력에 의해 자식을 잃어야 한 어미의 슬픔을 가장 극

명하게 보여주는 시다. '마두금' 이란 몽골 지방의 전통 현악기로 몸통 위쪽에 말머리 장식이 있어서 '馬頭琴' 이란 이름이 붙었다. 마두금이 내는 소리는 낙타를 위로하고 감동케 하여 눈물을 흘리게 하는 힘이 있다고 한다. 아래의 시에 '마두금' 이라는 제목을 붙인 것은, 이 시 「마두금」이 새끼를 잃은 모든 '어미' 를 위로하고자 하는 것이기 때문일 것이다.

초원지대 어느 나라에서는 시신을 매장하고 표시를 하지 않는 풍습이 있다
지하 깊숙이 시신을 묻고, 수백 마리의 말이 달리게 하여 단단히 다져진 흙 위에 어미 낙타와 새끼 낙타를 세운 뒤, 어미가 보는 가운데 처참하게 새끼의 목을 내리쳤던 것인데
일 년 뒤, 흩뿌려지는 피를 본 어미 낙타만이 그 냄새를 맡으며 온다

끝없는 초원을 한 무리의 사람들이 지나간다
몇 날 며칠을 걷던 그들의 발길이 멈추어버린 곳에서
포효하는 낙타,

대륙을 지배한 칸의 죽음도

살해된 새끼낙타의 어미를 길잡이로 삼는다

—「마두금」 전문

훼손을 막기 위해서인지 표시되지 않은 권력자의 매장지를 훗날 찾아내기 위해 어미의 눈앞에서 낙타 새끼들이 살해된다. 나중에 어미 낙타가 그 앞을 지나가면 새끼의 피 냄새를 감지하고 그곳에 멈춰 포효하기 때문이다. 그래서 표지가 없는 그 매장지를 찾아낼 수 있는 것이다. 하여, 칸이 죽으면 그 매장지에 묻혀야 하므로 그 시체는 매장지의 길잡이가 될 "살해된 새끼낙타의 어미"의 뒤를 따라야 한다. 권력자에 의해 새끼를 잃었지만 저승의 세계에서는 거꾸로 그 새끼를 잃은 힘없는 동물에 권력자가 기댈 수밖에 없는 것이다. 시인은 이러한 전도를 기록해둠으로써, 시인으로서 새끼 잃은 낙타를 향해 위로의 마두금 연주—시—를 들려주고자 한 것일지 모른다. 낙타가 권력에 의해 자식을 잃곤 하는 힘없는 어머니를 상징하는 동물이라면, 시인에게 시 쓰기는 그러한 어머니들의 삶과 숨겨진 힘을 드러내는 '마두금'이 되고자 하는 것일지 모른다. 그것은 역시 어머니일 시인이 마음에 품고 있는 모든 어머니에 대한 연대감에서 비롯된 시적 의지라고 할 수 있다.

그 연대감이란 "한식당 앞에서 구걸하던" "갓난아기를 안고 있"는 터키여자에게, "한 푼도 주지 말라"는 식당주인의 당부에도 불구하고 “눈치껏 주머니를 터는” “중년의 엄마들”(「본능적으로」)의 행동을 통해서도 나타난다. ‘엄마’가 되어본 사람은 어미의 삶이 어떠한 것인지 깊이 알고 있기 때문에 거의 ‘본능적으로’ 구걸하는 엄마를 도와주게 되는 것이다.(「엘레지의 여왕」에서 보여주고 있는 ‘코시안’ 여인의 사연 역시 고향인 싱가폴에 놔두고 온 아이들을 생각하면서 “회한에 잠긴” 모습에 조명을 가하고 있다.) 어머니로서의 여인을 조명하고자 하는 시인은, 가족사를 다룬 시편들이 많이 등장하는 4부에서 자신의 어머니에 대한 이야기를 펼쳐내고 있다. 「복날」을 보면 어머니는 아버지의 폭력에 시달렸던 것 같다. 그 시에 따르면, 아버지는 술에 취해 “없는 돈 내 놓으라”면서 “마른 햇살에/ 등짝이 갈라지도록/ 허리가 아”프도록 노동하고는 잠들어 있는 어머니를 깨워 “머리칼 뭉텅이로 뽑”히도록 폭력을 행사하곤 한다. 시인의 기억 속에서 어머니는 “마당 한가운데/ 이지러져 죽은 듯 우는” 서러운 존재였다. 또한 어머니는 자식인 시인에게 다음과 같이 말하고 있는 분이기도 하다.

> 손 하나 들이밀고 시집 왔니라
> 너로 허먼 시할애빈디
> 내게는 영 마뜩찮은 분이었제

아무렴, 글만 아는 집안이래두
풀 한 포기에 베인 손이
물 한 방울 안 묻히고 열흘을 가야?
논으로 밭으로 내달리다
흰 쌀밥 고봉으로 퍼드리면
에미 손은 머슴손이어,
에미 손은 머슴손이어,
오장이 뒤틀리게 사무쳤니라

마당 한 귀퉁이 무쇠솥이 끓는데
어머닌 행주도 대지 않은 손으로
뚜껑을 열고
뜨건 물을 푹푹 퍼 나르시네

—「푸른 손」 전문

"글만 아는 집안"에 시집 와서 머슴살이와 같은 시집살이를 한 어머니. 논밭의 일을 다 하고도 집에 들어오면 가사를 해야 했던 어머니는 "오장이 뒤틀리게 사무"치게 서러운 삶을 살아야 했다. 그리고 그녀의 '에미 손'은 어느새 '머슴손'과 같이 되어버렸다. 여성인 어머니는 남성중심주의적인 사회, 그리고 노동보다 글을 중시하는 사회에서 죽도록 일만 하는 머슴과 다름없는 삶을 살아야 했던 것이다. 하지만 시인은 그렇게 살아온 그녀의 손이 지닌 어떤 힘을 발견하고 이에 '시인의 눈'을 들이댄다. 그 손은 머슴처럼 노동하면서 살아야 했기에 도리어 가지게 되는 민중의 힘을 드러낸다. 끓는 무쇠솥을 "행주도 대지 않은 손으로/ 뚜껑을 열고/ 뜨건 물을 푹푹 퍼 나르시"는 데서 나타나는 그 힘. 시인은 뜨거운 뚜껑을 맨손으로 열 수 있는 '푸른 손'에서 "물 한 방울 안 묻히고 열흘을 가"는 글쟁이 남성들은 가질 수 없는 어떤 힘을 발견하는 것이다.

그것은 노동으로 단련된 육체의 힘이자 「마두금」에서 보았듯이 죽은 권력자도 따라야 하는 어미의 힘이다. 시인이 「종묘상엘 갔습니다」에서 말하고 있듯이 "가계에 덕지덕지 붙어있는" 온갖 고추의 씨앗봉지에는 어머니의 눈물이 도사리고 있으며, "그 모든 눈들의 시작은 어머니"인 것이다. 고추밭 세상은 어머니가 "하루가 다르게 내려앉는 허리"를 "지팡이를 짚고 곧추" 서면서 "씨앗을 남기"기 때문에 존재할 수 있다. 다시 말해서 이 세상은 머슴처럼 살아야 했던 어머니의 노동과 어머니가 흙과 같이 품고 있는 양분에 의해, 눈에 잘 띠지 않는 어머니의 힘에 의해 유지되는 것이다. 이러한 어머니의 힘은 죽어서도 발휘된다. 죽은 어머니의 "장례식장에/ 덩그러나 남아있는" "더 닳을 것이 없는 신발 한 켤레"가 시인을 "묵묵히 집으로 인도하"(「아끼던 신발을 잃어버리고」)시는 것을 보면. 이에 따르면, 세상의 권력에 희생당한 민중의 전형인 어머니는 노을처럼 다 타오르지 못하고 살았을지 모르지만, 죽어서는 이렇듯 자신에 내장되어 있던 '푸른 손' 의 힘을 드러내면서 닳고 닳은 빈 신발로 산 자의 삶을 이끈다.

3

『기린 울음』에서 '빛고을 시편' 을 통해 광주 민중 항쟁을 시화했듯이, 『우는 화살』에서도 다수의 '5 · 18 시편' 들이 실려 있다. 7년 전인 2007년에 출간된 시집에서 광주 항쟁을 조명하고도 2014년에 펴내는 이 시집에서도 역시 광주 항쟁에 대한 시를 남기고 있는 것을 보면, 그 사건이 시인에게 얼마나 깊은 영향을 끼쳤는지 짐작할 수 있다. 그런데 『기린 울음』에서의 그 시편들이 주로 광주 항쟁이 시인의 내면에 남긴 고통과 분노, 그리고 이를 통해 얻게 된 사회에 대한 비판적인 인식을 상징적으로 보여주고 있다면, 『우는 화살』의 '5 · 18 시편' 들은 국가권력의 폭력에 의해 희생된 사람들의 삶을 조명한다. 머슴처럼 살다 가야 했던 어머니처럼, 이들 권력에 의해 살해당한 희생자들은 산 자인 시인을 여전히 이끌고 있는 것이리라. 삶이 파괴당한 그들 역시 다 타오르지 못하고 스러지는 노을만을 남기고 이 세상을 뜬 사람이라고 할 수 있을 것이다. 그러나, "확, 그어댄" 흔적인 그 노을빛은 그들의 삶을 아름다운 무엇으로 남겨놓는다. 시인은 이들의 삶과 죽음에 나타난 노을빛을 시에 담음으로써 사라진 그들을 망각에서 구제하고 이 세상에 그 빛의 아름다움을 남겨놓으려고 한다. 시집의 표제작인 「우는 화살」의 전문을 다시 읽어보자.

> 이팝꽃 진 길을 빈 운구차가 돌아나가고 산 사람의 둥그런 물결 속으로 예의 그 파란의 일대기 가라앉는다
>
> 사진 속 그가 웃는다 맑은 날이면 꽃발 딛지 않아도 무등의 너른 품이 다가앉는 망월에서 합수合水* 오로지 낮은 곳이 그의 길이다, 몇 갈래의 물이 한 데 모여 흐르는 곳이 어디든
>
> 5·18 마지막 수배자, 5·18 마지막 망명자, 오딧세우스, 민족미래연구소장, 독설가, 섬 하나로 떠 있는…… 일찍이 이렇게 많은 수식이 돌덩이처럼 얹힌 사람을 본 적이 없다
>
> 미국생활에 적응하지 말 것, 가난한 동포들과 감옥에서 고생하는 동지들을 생각해 침대에서 자지 않을 것, 도피생활 할 때처럼 허리띠를 풀고 자지 않을 것, 세 가지 원칙을 지키는 동안 조국은 그에게 무엇이었나 항쟁이란 이름에 어떠한 명예도 보상도 원치 않던 사람 권력의 가지에 일침을, 민중의 잎사귀에 날개를!

마지막 밥 한 덩이 꾸역꾸역 넘기다가 화물선 레오파드호 갑판 아래 쭈그려 앉은 사내를 보고야 말았는데 서러움 모두 버리고 나 이제 가노라던 장송곡은 퍼지는데 하늘 한 가운데서 그림자를 지우고 검은 상복을 냉큼 빨아들이는 햇볕의 난타

* 윤한봉의 호

위의 시 역시 시의 형식을 통해 어떤 이의 삶에 대한 이야기를 들려준다. 그런데 이 이야기는 합수 윤한봉의 순전한 실화를 바탕으로 했다. 윤한봉은 1980년 당시 광주 민중항쟁의 주도자로 수배되었으나 천신만고 끝에 미국 밀항에 성공하여 미국에 망명했던 운동가다. 1993년에 수배가 해제되어 영구 귀국하여 '민족미래연구소'를 창립하여 활발하게 활동했지만 폐기종을 앓다가 2007년에 향년 61세로 영면했다. 위의 시는 "운구차가 돌아나"간다는 첫 행의 구절을 보니 아마도 시인이 2007년 6월 30일에 열린 윤한봉의 장례식에 참석한 이후에 쓴 것 같다. 울려 퍼지는 장송곡을 들으면서, 시인은 윤한봉이 레오파드호를 타고 "밥 한 덩이 꾸역꾸역 넘기"면서 밀항하는 장면을 상상하고, 망명 중에 엄격한 생활을 유지하기 위해 세운 그의 세 가지 원칙을 떠올린다. 밀항과 망명 생활은 윤한봉의 삶 중

에서 불을 "확, 그어댄" 시기였을 것이다. 망명 중의 그는 어느 때보다도 더 치열하게 한국의 독재정권을 규탄하는 조직을 꾸리고 활발한 활동을 벌여나갔던 것이다.

시인은 '합수' 라는 그의 호처럼 "몇 갈래의 물이 한 데 모여 흐르는" "낮은 곳"을 길로 삼았던 그의 삶에 대해 '우는 화살' 이라고 이름 붙인다. 이는 화살과 같이 "권력의 가지"라는 과녁을 향해 쉬지 않고 날아가야 했던 윤한봉의 삶, 그 삶의 동력은 국가권력에 의한 피의 학살로 인한 피울음에서 나온 것이었다는 의미일 것이다. 그런데 시인은 그가 비록 죽었더라도 그의 삶이 날린 화살은 결코 사라지지 않으리라는 것을 직감한다. 그는 그 화살이 지금 "하늘 한가운데서" '난타' 하는 '햇볕' 으로 변신하여 "그림자를 지우고 검은 상복을 냉큼 빨아들이"고 있다고 느끼고 있는 것이다. 시인에 따르면, 화살을 타고 날아갔던 하나의 삶은 죽었으나, 그 화살 자체는 이 세상에서 사라지지 않고 그의 죽음을 슬퍼하는 사람들의 상복을 벗긴다. 이는 윤한봉의 삶이 지니는 의미에 대해 최고의 찬사를 던지고 있는 것이다. 어머니에서 민중의 숨겨진 힘을 발견해냈던 시인은, 이렇듯 위의 시에서도 광주 항쟁의 주역인 한 운동가의 삶과 죽음에서 생명력의 증폭을 감지해내고 있는 것이다.

한편, '5 · 18 시편' 중에서 「부고」와 「닦아도 닦이지 않는」은 1980년 5월 27일 새벽에 도청에 남아 있던 청년들에 대한 가슴 아픈 이야기를 남겨 놓고 있다. 그들은 사회가 거의 기억하지 않게 된 이들이다. 「부고」는 광주항쟁 시민군으로 참여하여 "마지막까지 도청을 지키다 계엄군에 체포"되었던 서호영 씨 이야기다. 당시 스물 한 살 청년이었던 그는 체포된 이후 "한달 반 동안 감금된 채 죽지 않을 만큼 맞고"는, 그 이후 끌려간 군대에서도 '폭도 출신' 이라고 하여 "복무기간 내내 가혹행위에 시달렸다"고 한다. 제대 후에도 제대로 생활을 하지 못하고 피해망상 정신병까지 앓게 되어 결혼에도 실패하고 직장도 구하지 못한 채 살아야 했다. 하여, 기초생활 수급자로 겨우 목숨을 부지하다가 아는 이와 싸움이 붙어 그만 2012년에 목숨을 잃어야 했다. 시인은 「부고」에서 그렇게 파괴되어버린 삶과 골프 치러 다니는 가해자 전두환을 비교하면서 정의가 아직 실현되지 않은 현실을 꼬집는 동시에, 이렇게 사라져야 했던 사람들을 우리가 기억해야 할 의무를 살아남은 자들에게 남겨놓고 있다.

「닦아도 닦이지 않는」은 역시 도청에 남아 끝까지 싸우다가 사살당한 박병기 씨의 사연을 그의 누나 박수복 여사가 증언하는 형식의 작품이다. 그녀의 증언은 5월 18일에서 27일 사망하기까지 박병기 씨의 행적과 28일 공동묘지에서 동생의 시신을 찾아와서 선산 묘에 묻는 과정에 맞추어져 있다. 가슴 아픈 부분은 4행 부분이다. 선산에 시신을 데려온 이후에야 박수복 여사는 동생의 비참한 시신 상태를 정확히 볼 수 있었는데, 이에 대해 "등에 가서 쪼끄만 헌 구멍이 있는디 앞에가, 가슴둘레가 다 없어져불고, 다 없더라고 이 살이…… 살이 다 망거져 나가버리고 손가락 열 개가 피가 묻어가지고 닦는다고 닦었는디도 그 손가락 사이가 죄다 피가 묻어가지고 온몸은 멍자국이 나가지고……"라는 그녀의 진술은, 그가 어떻게 고통스럽게 죽었는지 생생하게 독자에게 전달한다. 그래서 "신이 있다믄 원흉들 그대로 놔두지 않고 다 잡아 죽였을 턴디"라면서 표출하고 있는 그녀의 통한과 분노를 우리는 이해하게 되며, 또 다시 5·18을 일으킨 인간들과 같은 이들이 나온다면 "다 없애버릴 정도로 전 국민이 일어나"야 한다는 그녀의 주장에 동의하게 된다.

저 시민군 청년들이 도청에 남기로 결심했을 때, 그들은 자신의 삶에 불을 "확, 그어댄" 것이었으리라. 하지만 그들은 그 자리에서 죽임을 당하거나 가혹한 폭행으로 정신이 상자가 되어 비참한 삶을 살아야 했다. 하지만 노을로 남은 그때 그 불같았던 삶은 아름다웠으며, 그 아름다움은 시인을 포함한 살아남은 자들을 돌아가신 어머니의 신발처럼 앞으로 갈 길을 인도해준다. 시인은 80년 5월 광주에서의 아름다운 노을을, 광주항쟁 시 '민주투쟁위원회' 대변인으로 있다가 도청에서 산화한 윤상원과 영혼 결혼을 했던 박기순의 삶과 죽음에서도 찾아내고 있다. 82년에 거행된 그들의 영혼결혼식은 「임을 위한 행진곡」이 만들어지게 된 계기가 되기도 했는데, 그만큼 애절하면서도 비통한 사연을 가진, 그래서 더욱 아름다운 결혼식이었다. 그래서 시인은 「노래의 날개—임을 위한 행진곡에 부쳐」에서 두 사람의 영혼 결혼에 대해 '노래의 날개' 라는 이름을 붙여 주고 있다.

스물세 살 꽃다운 나이에
너는 갔다
인형을 끌어안은 채
양볼에 패이던 보조개를
교복 입은 너의 활짝 웃는 얼굴을
어찌 잊을까

광천공단 노동자 누야
들불 강학 내 누이야
낮에는 공장에서
밤에는 야학에서
역사의 주인 되는 세상을 꿈꾸더니
상원이 형을 야학에 들어앉히고

그리 좋아라더니
너는 정작 먼저 가버렸다
자취방에 스며들던 연탄가스를 마시고
허망하게도

그러나 나는 안다
박기순,
형의 가슴 저 밑바닥
불씨 같은 이름

코앞에 임박된 죽음을 인식하고도
부드러움과 상냥함을 잃지 않았던
그날의 영웅을 기억하던
블레들리 마티 기자의 증언을 들으며
벅차올랐다

민들레 홀씨가 뭇등을 쓰다듬고
날아가는 곳
장벽 따위가 걸림돌일 리 없다
살아서 간절했으니
죽어서 하나가 된 누야
하나 된 조국에서 살고자 했던 누야

멀리서 바람이 불어오고
따뜻한 바람이 불어오고
내 귀는 당나귀처럼이나 뾰족해진다

—「노래의 날개 —임을 위한 행진곡에 부쳐」 전문

아름답고 슬픈 조시(弔詩)다. 박기순과 윤상원은 들불야학에서 같이 일한 전남대학교 선후배로, 박기순은 위장취업으로 공장에 다니면서 들불야학의 강학이 되었으며 윤상원은 박기순의 간청으로 들불 야학에 교사로 참여했다. 그러나 1978년 12월 박기순이 스물세 살 때, 그녀는 그만 자취방에서 연탄가스 중독으로 사망하고 말았다. 1982년 2월 20일 이 둘의 영혼결혼식이 이루어지고, 이 결혼식에 바쳐질 목적으로 옥중의 백기완이 쓴 장시 '묏비나리'를 바탕으로 황석영이 작사하고 윤상원의 후배 김종률이 곡을 붙여서 〈임을 위한 행진곡〉이 만들어진 것이다. 고영서 시인은 위의 시를 통해 이 노래가 만들어진 내력을 박기순에 초점을 맞춰 아름다운 영혼을 지닌 두 사람의 슬픈 사연을 시의 형식으로 압축하여 남겨놓는다. 시인은 박기순을 누이라고 부르고 윤상원을 형이라고 부르는 이를 화자로 내세우고 있는데(박기순의 실제 오빠를 화자로 내세운 것일 수도 있다.), 그래서 슬픔과 아픔의 정서를 더욱 절절하게 시에 풀어놓을 수 있었다.

4

윤상원이나 박기순과 같은 아름다운 영혼을 가진 이들은 국가폭력이 횡행하는 세상을 바꿔보고자 삶을 불태우다가 죽음을 맞이했다. 국가폭력의 잔인성은 윤상원을 죽음으로 몰아넣은 80년 5월 광주에서 극명하게 드러난 바 있었다. 그런데 잔인한 국가폭력은 80년 5월 광주에서만 행해진 것이 아니라 일상 속에서도 벌어졌음을 고영서 시인은 놓치지 않는다. 「이 이상한 나라에는」은 '경찰폭력에 희생된 故문영수님 영전에' 라는 부제가 붙어 있다. 시인이 붙인 주를 보면, 버스운수노동자로 근무하던 문영수는 1982년 안내양의 몸수색을 하는 회사에 항의하다가 해고당한다. 그 후 사소한 폭행에 연루되어 광주 서부경찰서에 조사 받던 중 경찰의 폭행으로 사망한다. 허나 경찰과 구청은 고인을 행려병자로 둔갑시켜 의대 해부학교실에 실습용으로 시신을 넘겨버린다. 그러나 유족의 끈질긴 추적으로 사건의 전말이 밝혀지고 2012년 5월 15일에야 그의 장례가 치러지게 된다.

고영서 시인은 「이 이상한 나라에는」을 통해 이 이야기를 시의 형식으로 복원하여 한 서민의 잘 알려지지 않은 억울한 희생을 구원함과 동시에, 그렇게 일상 속에서 행해진 국가폭력이 80년 5월 군부의 폭력과 연결되어 있음을 암시하고 있다. "악몽과도 같았던 광주"라는 구절이나 "다시는 돌아오지 마세요/ 이 이상한 나라에는"이라는 시의 끝 구절은 시신을 유기하는 그 인륜을 팽개친 폭력이 우연적인 것이 아니라 나라 전체에 만연되어 온 것임을 드러내주고 있는 것이다. 그렇기에, 시인이 다음과 같이 세월호 참사를 "1980년 5월 18일"의 광주 학살과 연결시키는 것은 과장이라고 할 수 없다.

그때 이후로 우리는
함부로 울 수도 없었습니다
1980년 5월 18일,
어린 소녀는 아비를 잃고
어미는 자식을 잃고
저 망월동 행불자 묘 앞에서
사라진 혈육을 목놓아 부르다
돌아가는 일이 많았습니다

아, 국가라는 것이
든든한 울타리가 되어줄 거라 믿었던 것들이

산산이 부서져 내릴 때의 참담함이란

눈물이 마른 줄 알았습니다

대책 없이 가라앉는 저 거대한
세월의 무게를 어찌 할까요
발만 동동 굴러댔을 지난 한 달,
구조자 0명의 무능한 정부를
다시 보고야 말았습니다

승객들을 놓아둔 채
줄행랑을 치던 선장이
이 나라에 한둘이겠습니까?
청와대는 재난수습 컨트롤타워가 아니라고
발뺌하는 무리들이
따스한 생명을 구할 수나 있었겠는지

항쟁의 순간
광주를 사수하러 몰려온 이들 중
고등학생, 너희들은 나와 집으로 가라
살아서 역사의 증인이 되라던
윤상원 열사의

그 말씀 살아서 꿈틀 댑니다
이제 갓 피어나는 꽃들
하늘에 가 닿으려고 안간힘을 쓰는
오월의 장미를 지천으로 두고
흰 국화를 바칩니다

기다리겠습니다
눈물일랑 거두겠습니다
2014년 4월 16일,
그때 이후로
살아가야 하겠습니다

—「그때 이후로」 전문

꽃 같은 나이의 아이들이 희생된 세월호 참사를 어떻게 생각해야 할 것인가에 대해서는 살아남은 사람들의 과제가 될 것이다. 80년 5월 광주와 일상에 녹아든 국가폭력에 천착해 있던 고영서 시인은 위의 시에서 세월호 참사에 대한 자신의 생각을 밝히고 있다. 80년 5월 18일 이후 살아남은 사람들의 삶이 바뀌었듯이, 2014년 4월 16일 이후 살아남은 사람들의 삶은 바뀌리라는 것인데, 이는 그만큼 세월호 참사는 광주에서의 대학살만큼의 무게로 시인에게 다가왔다는 의미일 것이다. 두 사건 모두 "어린 소녀는 아비를 잃고/ 어미는 자식을 잃"은 자들의 한스러운 비탄을 이 세상에 남겨 놓았다. 하지만 이러한 의미에서만 두 사건이 연결되는 것은 아니다. 두 사건 모두 국가의 문제와 관련되어 있는 것이다. 민중의 삶에 "든든한 울타리가 되어줄 거라 믿었던" 국가가, 80년 5월 광주에서는 바로 자신들이 지켜야 할 국민들을 살육하는 폭력을 행사했으며 2014년 4월 진도 앞바다에서는 무능력과 무책임의 극치를 보여주면서 아이들이 수장되는 것을 방치했다. 직접적인 폭력이든 무능에 의해서든 광주 학살과 세월호 참사 두 사건 모두 한국이 국가의 기능이 왜곡된 '이상한 나라' 이기 때문에 발생한 것이다.

시인에 따르면 세월호 참사에서 "승객들을 놓아둔 채/ 줄행랑을 치던 선장"과 "청와대는 재난수습 컨트롤 타워가 아니라고/ 발뺌하는 무리들"은 본질적으로 같다. 그들은 승객과 국민의 안전을 최우선으로 삼아야 하는 의무를 가진 이들임에도 "따스한 생명을 구할 수" 없는 이들임이 드러났던 것이다. 그래서 시인은 세월호 참사에서 아예 국가가 그 '따스한 생명' 을 살육했던 80년 5월 광주를 떠올린 것일 텐데, 하여 그가 이와 함께 윤상원 열사를 떠올린 것은 자연스럽다. 죽음을 앞두고 있음을 알면서도 의연히 아름다운 노을빛처럼 마지막 생을 태웠던 윤상원. 그가 마지막으로 한 일은 도청으로 "광주를 사수하러 몰려온 이들

중”, 고등학생들을 “살아서 역사의 증인이 되라”면서 집으로 되돌려 보낸 것이었다. 그는 고등학생들에게 지금 지고 있는 노을빛 역사를 눈에 담아 두고 잊지 말 것, 그리고 어둠의 나날에 빠진 ‘이상한 나라’를 바꾸어 새날의 새벽을 당겨올 것을 당부했던 것이다.

시인 역시 2014년 4월 16일 이후를 살아갈 아이들에게 80년 5월 윤상원이 남긴 그러한 당부를 하고 싶은 마음일 것이다. 윤상원의 “그 말씀 살아서 꿈틀 댑니다”라면서, 그가 희생된 이들에게 “오월의 장미를 지천으로 두고/ 흰 국화를 바”치면서, 마지막 연에서 “기다리겠습니다/ 눈물이랑 거두겠습니다”라고 말하고 있는 것은 그 때문이리라. 시인은 “갓 피어나는 꽃들”에게 국화를 바치지 않아도 되는 세상을 기다리겠다고 다짐하는 것일 테다. 그러한 세상은 저 죽은 이들을 잊지 않은 오월의 장미들이 세상을 뒤덮을 때 도래할 것이다. 그런데 「세월호 꽃영정」을 보면, 시인은 아이들이 이미 윤상원이 남긴 산 자의 의무를 자각하고 있다는 것을 확인하고 있다. 대중음악에 열광하는 아이들이지만, 이들은 사람들이 공수부대원들에 의해 무참히 죽은 34년 전 5월 17일과 304명이 진도 앞바다에서 수장되거나 실종된 2014년 4월 16일이 같은 선상에 있는 사건들임을, 그리고 두 사건이 동일한 과제를 남겨놓고 있음을 인식하고 있었다.

엑소에 열광하던 아이들이
소녀시대 카라 미쓰에이 빅뱅이
온 것도 아닌데
5월 17일 금남로에 섰다

34년 전 그날,
세월호로 가슴 아픈 오늘을
잊지 않겠어요
손 피켓을 들고
촛불을 들고

무궁화꽃이 피었습니다
나팔꽃이 피었습니다
해바라기가 피었습니다
장미, 백합, 민들레, 원추리, 해당화,
칸나, 셀비어, 모란, 동백, 국화……
계절을 따져 무엇 하나요

전야제는 추모제

주인공이 사라져버린 무대에

삼백 네 송이 꽃들

그래도 한번 안아드리고 싶어서요
꼭 그래야 할 것 같아서요

—「세월호 꽃영정」 전문

윤상원이 고등학생들을 돌려보내면서 그들에게 미래를 맡겼을 때처럼, 고영서 시인 역시 저 아이들에게서 미래를 보고 있을 것이다. 저 아이들이 민중의 노을빛 희생을 헛되이 하지 않고 다른 세상을 가져올 미래를 말이다.

애 지 시 선

002	붉디 붉은 호랑이	장석주 시집
003	붉은 사하라	김수우 시집
004	자전거 도둑	신현정 시집
005	정비공장 장미꽃	엄재국 시집
006	기차를 놓치다	손세실리아 시집
007	바람의 목례	김수열 시집
008	그리운 연어	박이화 시집
009	뜨거운 발	함순례 시집
010	정오의 순례	이기철 시집
011	그 남자의 손	정낙추 시집
012	즐거운 세탁	박영희 시집
013	구룡포로 간다	권선희 시집
014	좋은 날에 우는 사람	조재도 시집
015	여수의 잠	김열 시집
016	축제	김해자 시집
017	뜻밖에	박제영 시집
018	꽃들이 딸꾹	신정민 시집
019	안개부족	박미라 시집
020	아배 생각	안상학 시집
021	검은 꽃밭	윤은경 시집
022	숲에 들다	박두규 시집
023	물가죽 북	문신 시집
024	마늘 촛불	복효근 시집
025	어처구니 사랑	조동례 시집
026	소주 한 잔	차승호 시집
027	기찬 날	표성배 시집
028	물집	정군칠 시집
029	간절한 문장	서영식 시집